매일 1장 초등 국어 쓰기 습관의 기적

매일 1장 일기 쓰기 습관으로 초등 글쓰기 완전 정복!

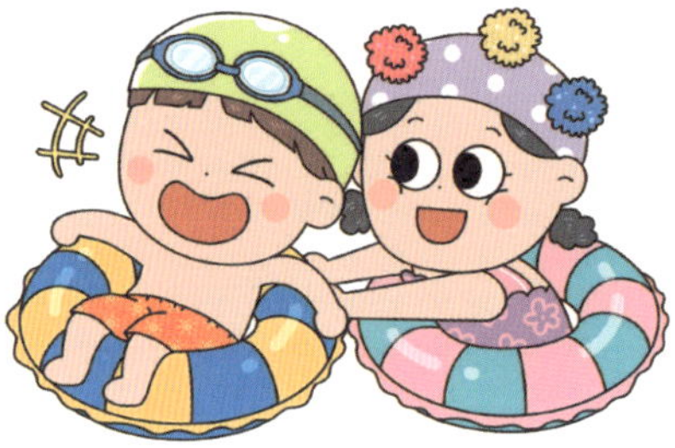

일기쓰기

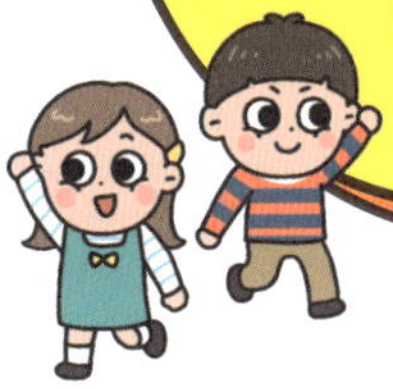

전병규 지음

초판 1쇄 발행 2025년 8월 27일

지은이 전병규
펴낸곳 (주)에스제이더블유인터내셔널
펴낸이 양홍걸 이시원

홈페이지 www.siwonschool.com
주소 서울시 영등포구 영신로 166 시원스쿨
교재 구입 문의 02)2014-8151
고객센터 02)6409-0878

ISBN 979-11-6150-555-8 73710
Number 1-120202-31313129-09

이 책은 저작권법에 따라 보호받는 저작물이므로 무단복제와 무단전재를 금합니다. 이 책 내용의 전부 또는 일부를 이용하려면 반드시 저작권자와 ㈜에스제이더블유인터내셔널의 서면 동의를 받아야 합니다.

하루 한 편, 아이의 마음과 글이 자라납니다.

일기는 오래되었지만 결코 낡지 않은 글쓰기입니다. 하루를 돌아보고, 느낀 감정을 꺼내어 글로 표현하는 일기 쓰기는 글쓰기의 기본이자 생각의 근육을 기르는 좋은 방법입니다.

초등 시기에는 감정과 경험, 사고와 표현이 엉켜 나오기 마련입니다. 때문에 이 시기에 쓰는 일기 한 편 한 편은 단순한 기록을 넘어 아이의 마음이 언어로 표현되는 중요한 첫걸음이 됩니다.

하지만 많은 아이들이 일기 쓰기를 어려워합니다. 무엇을 써야 할지, 어떻게 써야 하는지 잘 모르기 때문입니다. 그래서 매일매일 똑같은 내용으로만 채우기 쉽습니다. '학교에 갔다', '친구와 놀았다', '참 재미있었다'처럼 뻔한 일상이 나열되는 거죠. 이런 일기를 보면 "좀 더 정성 들여 써 봐."라는 잔소리가 저절로 나오게 됩니다. 그러다 보면 아이는 부담을 느끼고 점점 '쓰는 일'을 회피하게 되죠.

〈매일 1장 초등 국어 쓰기 습관의 기적 일기쓰기〉는 이런 문제를 해결하고 아이의 일기 쓰기를 도와주기 위해 나왔습니다. 아이가 스스로 생각을 꺼내고, 자신만의 방식으로 표현할 수 있도록 친절한 틀을 마련했습니다.

첫째, 하루 한 편, 1쪽만 쓰면 되어 일기 쓰기에 부담이 없습니다. 짧지만 꾸준히 쓰는 연습이 아이의 글쓰기 자신감과 표현력을 키워 줍니다.

둘째, 매일 다른 주제를 제시해 다양한 일기를 쓰는 재미를 주었습니다. 총 50일 동안 칭찬 일기, 설명 일기, 상상 일기, 주장 일기, 편지 일기, 신문 일기 등 다양한 형식의 글쓰기를 경험할 수 있습니다.

셋째, 일기 쓰기가 처음이더라도 손쉽게 따라 할 수 있도록 구성하였습니다. 예시 일기와 일기에 담을 요소를 친절하게 안내해 자연스럽게 흐름을 잡을 수 있도록 도왔습니다.

　아이가 부담 없이 일기를 쓰고 글쓰기가 아이의 생활이 되도록 돕는 것이 이 책의 가장 큰 목표입니다. 단순한 문장이더라도 조금씩 쓰도록 도와주세요. 그 과정에서 아이는 자신도 몰랐던 감정과 경험을 떠올리게 됩니다. "이건 써도 되나?" 망설이던 마음을 말로 풀어내고, "내 생각을 글로 써도 되는구나." 하는 자신감을 갖게 됩니다.

　이 책을 끝까지 해낸 아이는 글이란 '틀리면 안 되는 것'이 아니라, '마음을 표현하는 도구'라는 걸 자연스럽게 알게 됩니다. 그리고 자신만의 글을 써 본 아이는 자기 삶을 주도적으로 바라보는 아이로 자라나게 될 것입니다.

　〈매일 1장 초등 국어 쓰기 습관의 기적 일기쓰기〉를 시작하기 전에 부모님과 선생님께 꼭 부탁드리고 싶은 것이 있습니다. 맞춤법, 띄어쓰기 같은 글의 형식보다 일기에 담긴 아이의 진심을 먼저 바라봐 주세요. 일기장에 적힌 한 줄 한 줄이 비록 엉성하더라도 그 속에는 아이가 보고 듣고 느낀 하루가 담겨 있습니다.

　표현이 어색하고 정확하지 않다고 지적하지 말아 주세요. 그보다는 일기를 통해 생각과 마음을 표현했다는 사실 자체를 응원해 주세요. "너의 마음이 궁금해.", "너의 글을 읽고 싶어."라는 시선으로 다가가 주세요. 그 한마디가 아이의 글을 성장시키고, 나아가 생각과 태도까지 발전시킬 수 있습니다.

　초등학생의 일기 쓰기는 '잘 쓰는 것'이 결코 중요하지 않습니다. 일기를 쓰려고 하루를 돌아보고 그 안에서 내 생각과 마음을 들여다보는 것이 가장 중요합니다. 부족하더라도 그렇게 하루 하루 일기를 쓰다 보면 아이는 어느새 훌쩍 자라나 있을 겁니다.

　하루 1장의 짧은 학습을 통해서 아이 스스로 생각하고 표현하는 힘을 길러 주세요. 오늘도 아이의 연필 끝에서 마음이 자라고, 문장이 자라고, 자신감이 자라기를 바랍니다.

전병규(콩나물쌤)

구성과 특징

1. 국어 교과와 연계한 다양한 갈래의 글로 교과 학습은 물론 어떤 글쓰기도 자신 있게!

설명문, 기행문, 기사문, SNS 등 일상에서 접하는 다양한 갈래의 글과 초등학교 국어 교과에서 배우는 쓰기 내용으로 일기를 구성하여 어떤 글도 자신 있게 쓸 수 있으며, 교과 내용도 자연스레 익힙니다.

일차별 학습 주제
익숙한 일기 유형부터 여러 매체 자료, 국어 교과에서 다루는 글까지 아이들이 주변에서 접하는 다양한 글로 구성했습니다.

핵심 콕콕
해당 학습 일차의 주제를 설명한 것으로, 그날 일기 쓰기의 핵심을 설명했습니다.

예시 일기
학습 주제에 맞는 완결된 일기 1편을 제시했습니다. 일기에는 첨삭을 넣어 아이들이 스스로 일기를 쓸 때 참고할 수 있도록 했습니다.
당일 일기 쓰기의 핵심은 빨간색 첨삭으로 표시하여 어떤 내용을 어떤 순서로 쓰면 좋을지 도움을 주었으며, 표현 방법 등 기타 일기 쓰기에 도움이 되는 내용은 파란색 첨삭으로 표시했습니다.

2. 일기를 직접 쓰면서 자신의 생각을 정리하고 이를 글로 표현하는 능력을 쑥쑥!

예시 일기로 익힌 갈래별 글의 특징 및 글쓰기의 기본을 바탕으로 스스로 일기를 써 봄으로써 자신의 생각을 정리하고 이를 글로 표현하는 능력을 향상합니다. 이를 통해 서·논술형 문제와 다양한 글쓰기에 대비할 수 있습니다.

일기 술술

예시 일기에서 배운 내용을 토대로 해당 학습 주제에 맞는 일기를 직접 손으로 씁니다.
글감이 생각나지 않으면 예시 일기를 변형해도 좋아요. 첨삭 내용을 최대한 활용하여 일기를 써 보세요.

차례

1일차	**생활 일기**	사건을 기록해요 ①	12
2일차	**생활 일기**	사건을 기록해요 ②	14
3일차	**생활 일기**	감정을 나타내요 ①	16
4일차	**생활 일기**	감정을 나타내요 ②	18
5일차	**생활 일기**	생각을 표현해요 ①	20
6일차	**생활 일기**	생각을 표현해요 ②	22
7일차	**칭찬 일기**	나 오늘 이런 칭찬받았다	24
8일차	**칭찬 일기**	다른 사람을 칭찬합니다	26
9일차	**감사 일기**	오늘의 고마운 일 ①	28
10일차	**감사 일기**	오늘의 고마운 일 ②	30
11일차	**목표 일기**	목표를 세워 볼까 ①	32
12일차	**목표 일기**	목표를 세워 볼까 ②	34
13일차	**체험 일기**	어디를 다녀왔는데 ①	36
14일차	**체험 일기**	어디를 다녀왔는데 ②	38
15일차	**관람 일기**	무엇을 관람했는데 ①	40
16일차	**관람 일기**	무엇을 관람했는데 ②	42
17일차	**상상 일기**	이런 게 생겼으면 좋겠어	44
18일차	**상상 일기**	이런 능력이 있으면 좋겠어	46
19일차	**관찰 일기**	오늘 날씨는 이래	48
20일차	**관찰 일기**	새로 산 물건을 소개하지	50
21일차	**관찰 일기**	동물 친구를 살펴볼까	52
22일차	**관찰 일기**	쑥쑥 자라는 식물	54
23일차	**설명 일기**	계절을 알아봐요	56
24일차	**설명 일기**	우리나라의 명절	58
25일차	**설명 일기**	친구들과 하는 놀이	60

26일차	**설명 일기** 내가 좋아하는 운동	62
27일차	**설명 일기** 요리를 해 볼까요	64
28일차	**설명 일기** 순서에 따라 만들기	66
29일차	**여행 일기** 여행을 기록해요 ①	68
30일차	**여행 일기** 여행을 기록해요 ②	70
31일차	**주장 일기** 내 의견을 내세워요 ①	72
32일차	**주장 일기** 내 의견을 내세워요 ②	74
33일차	**그림일기** 일기를 그려 봅시다	76
34일차	**만화 일기** 겪은 일을 만화로	78
35일차	**동시 일기** 일기를 동시로 ①	80
36일차	**동시 일기** 일기를 동시로 ②	82
37일차	**독서 일기** 책을 읽고 나서 ①	84
38일차	**독서 일기** 책을 읽고 나서 ②	86
39일차	**독서 일기** 책을 소개해요	88
40일차	**편지 일기** 안부를 물어요	90
41일차	**편지 일기** 감사를 전해요	92
42일차	**편지 일기** 사과를 해요	94
43일차	**편지 일기** 고백을 해요	96
44일차	**신문 일기** 학교에서 있었던 일	98
45일차	**신문 일기** 동네에서 있었던 일	100
46일차	**공익 광고 일기** 우리 다 같이 ①	102
47일차	**공익 광고 일기** 우리 다 같이 ②	104
48일차	**온라인 일기** SNS 하는 것처럼 ①	106
49일차	**온라인 일기** SNS 하는 것처럼 ②	108
50일차	**온라인 일기** 일기를 댓글로도	110

학습 일지

　일기 쓰기를 마치고 나면 아래 표의 해당하는 학습 일차에 표시해 보세요. 50일 동안 꾸준히 일기를 쓰다 보면 일기 쓰기에 흥미가 생기고, 자신도 모르는 사이에 글쓰기 실력이 껑충 올라 있을 거예요.
　그럼 모두들 포기하지 말고, 국어 능력자가 되는 그날까지 응원할게요!

생활 일기						칭찬 일기		감사 일기	
1일차	2일차	3일차	4일차	5일차	6일차	7일차	8일차	9일차	10일차

목표 일기		체험 일기		관람 일기		상상 일기		관찰 일기	
11일차	12일차	13일차	14일차	15일차	16일차	17일차	18일차	19일차	20일차

관찰 일기		설명 일기						여행 일기	
21일차	22일차	23일차	24일차	25일차	26일차	27일차	28일차	29일차	30일차

주장 일기		그림일기	만화 일기	동시 일기		독서 일기			편지 일기
31일차	32일차	33일차	34일차	35일차	36일차	37일차	38일차	39일차	40일차

편지 일기			신문 일기		공익 광고 일기		온라인 일기		
41일차	42일차	43일차	44일차	45일차	46일차	47일차	48일차	49일차	50일차

칭찬해 주세요

　10일, 20일, 30일, 40일, 50일 이렇게 매 10일차마다 학습이 끝나면 보호자께서 아래 미션을 아이와 함께해 주세요!
　칭찬과 보상으로 이루어진 아래 미션은 아이의 학습 의욕을 높이고, 아이와 보호자 간의 유대감도 깊게 할 거예요.

♥ 아이가 1~10일차까지의 일기를 쓰고 나면 칭찬을 담뿍 해 주세요! ♥

그리고 1~10일차 일기 중에 보호자가 소리 내어 읽어 주면 좋을 **일기 1편을 고르게 한 후, 해당 일기를 아이 앞에서 읽어 주세요.** 다 읽고 나면 왜 그 일기를 골랐는지, 보호자가 읽는 것을 들은 소감이 어떤지 아이에게 묻고 얘기하는 시간을 가져 보세요.

♥ 아이가 11~20일차까지의 일기를 쓰고 나면 칭찬을 담뿍 해 주세요! ♥

그리고 11~20일차 일기 중에 아이가 들려 주고 싶어 하는 **일기 1편을 고르게 한 후, 해당 일기를 보호자 앞에서 아이가 소리 내어 읽도록 해 주세요.** 다 읽고 나면 일기 속 일을 겪었을 때의 기분이 어땠는지, 일기로 그 일을 쓸 때의 기분이 어땠는지 아이에게 묻고 얘기하는 시간을 가져 보세요.

♥ 아이가 21~30일차까지의 일기를 쓰고 나면 칭찬을 담뿍 해 주세요! ♥

그리고 21~30일차 일기 중에 아이가 보여 주고 싶어 하는 **일기 1편을 고르게 한 후, 해당 일기에 대한 보호자의 생각을 쪽지에 적어 아이에게 전달해 주세요.** 아이가 쪽지를 읽고 어떤 마음이 들었는지 묻고 얘기하는 시간을 가져 보세요.

♥ 아이가 31~40일차까지의 일기를 쓰고 나면 칭찬을 담뿍 해 주세요! ♥

그리고 31~40일차 일기 중에 아이가 가장 재밌게 쓴 **일기 1편을 고르게 한 후, 그 이유를 말해 보도록 해 주세요.** 왜 해당 일기를 쓸 때 가장 재미있었는지, 앞으로 어떤 일기를 써 보고 싶은지 묻고 얘기하는 시간을 가져 보세요.

♥ 아이가 41~50일차까지의 일기를 쓰고 나면 칭찬을 담뿍 해 주세요! ♥

그리고 41~50일차 일기 중에 아이가 가장 쓰기 어려웠던 **일기 1편을 고르게 한 후, 그 이유를 말해 보도록 해 주세요.** 왜 해당 일기를 쓸 때 가장 어려웠는지, 일기를 즐겁게 쓸 수 있는 방법으로 뭐가 있을지 묻고 얘기하는 시간을 가져 보세요.

생활 일기 사건을 기록해요 ①

핵심 콕콕 오늘 있었던 일을 떠올린 후 하나를 골라 '사건'에 초점을 맞춰 일기를 써 봐요!

날짜 20XX년 9월 1일 월요일   **날씨** ☁ ☂ ❄ 🌬

제목 우유를 쏟았지만   *제목은 일기 전체 내용을 잘 드러내는 것으로 쓰기*

[1교시가 끝나고 우유를 마시는 시간이었다. 나는 우유를 한 모금 마시고 손에 들고 있었다. 바로 그때, 지나가던 친구가 내 팔을 툭 하고 쳐서 들고 있던 우유를 놓쳤다. 우유가 책상 위에 왈칵 쏟아졌고 바닥으로도 후두두 떨어졌다. 나는 너무 놀라 입이 떡 벌어졌다. 친구는 "미안!" 하며 휴지를 들고 와 허둥지둥 닦아 주었다.]

① 오늘 겪은 일 중 기억에 남는 일(사건) 고르기
시간 순서에 따라 사건의 흐름 정리하기
관용 표현(두 개 이상의 단어로 이루어져서 특수한 의미를 표현) 활용해 보기
[ ]: ② 언제·어디에서·누구와 있었던 일인지, 무엇을 했는지 드러나도록 쓰기

다행히 교과서나 옷은 젖지 않았다. 그리고 친구가 사과하고 함께 닦아 주어서 기분이 나쁘지 않았다. 앞으로는 우유를 마실 때 조금 더 조심해야겠다.

③ 겪은 일에 대한 생각이나 느낌 쓰기

일기를 쓰면 글쓰기 실력이 쑥쑥

일기 술술 왼쪽의 일기를 참고하여 스스로 일기를 써 보세요. 글쓰기에 자신이 생길 거예요.

| 날짜 | 년 월 일 요일 | 날씨 | ☀️ ☁️ ☂️ ❄️ 💨 |

제목

2일차 생활 일기 사건을 기록해요 ②

핵심 콕콕 🎯 오늘 있었던 일을 떠올린 후 하나를 골라 '사건'에 초점을 맞춰 일기를 써 봐요!

| 날짜 | 20XX년 10월 7일 화요일 | 날씨 | ☀️ ☂️ ❄️ 💨 |

제목 미끄럼틀 웃기게 타기 *일기를 다 쓰고 나중에 제목을 붙여도 됨.*

[놀이터에서 민서를 만나 놀았다. 미끄럼틀을 탔는데 처음에
① 오늘 겪은 일 중 기억에 남는 일(사건) 고르기
는 얌전히 타고 놀다가 누가 더 웃기게 타는지 시합을 하기로

했다. [ ]: ② 언제·어디에서·누구와 있었던 일인지, 무엇을 했는지 드러나도록 쓰기

내가 지렁이처럼 꼬물꼬물 기어 내려오자 민서는 엉덩이로 쿵
비유적 표현(다른 것에 빗대어 설명) 활용해 보기
쿵거리며 내려왔다. 이번에 나는 물고기처럼 펄쩍펄쩍 뛰었다.

그걸 본 민서는 뒤로 타며 내려오다가 그만 엉덩방아를 찧었다.]

그걸 보고 너무 웃겨서 배꼽이 빠질 뻔했다. 우리는 둘 다 바
관용 표현 활용해 보기
닥에 주저앉아 깔깔깔 웃었다. 이상하게 타느라 조금 아팠지만
③ 겪은 일에 대한 생각이나 느낌 쓰기
정말 재미난 하루였다.

일기를 쓰면 글쓰기 실력이 쑥쑥

일기 술술 왼쪽의 일기를 참고하여 스스로 일기를 써 보세요. 글쓰기에 자신이 생길 거예요.

| 날짜 | 년 월 일 요일 | 날씨 |  |

| 제목 | |

3일차 생활 일기 감정을 나타내요 ①

핵심 콕콕 🎯 오늘 기분이 좋았던 경험을 떠올린 후 '감정'에 초점을 맞춰 일기를 써 봐요!

| 날짜 | 20XX년 11월 12일 수요일 | 날씨 | ☀️ ☁️ ☂️ ❄️ 🌬️ |

제목 내 마음을 알아준 수진이

[쉬는 시간에 화장실을 다녀왔다. 그런데 내 연필이 바닥에 떨어져 부러져 있었다. 이모가 미국에서 보내 준 내가 제일 좋아하는 연필인데……. 눈물이 핑 돌려고 했다.
<u>접속 표현(이어 주는 말) 사용해 보기</u>

[ ]: ① 언제·어디에서·누구와 있었던 일인지, 무엇을 했는지 드러나도록 쓰기

내 얼굴을 보고 있던 수진이가 내게 새 연필을 내밀었다. 전에 내가 수진이에게 주었던, 부러진 연필과 같은 연필이었다.]

"나는 다음에 다른 걸로 선물해 줘." 나는 깜짝 놀랐고 너무나
<u>인물이 소리 내어 한 말은 큰따옴표로 써 보기</u>   ② 내가 느낀 감정·기분 표현하기
고마웠다.

내가 많이 속상해하는 걸 보고 걱정을 했던 것 같다. 수진이의
<u>다른 사람의 마음 짐작해 보기</u>
그 마음이 느껴져서 더 따뜻하고 기분이 좋았다.
② 내가 느낀 감정·기분 표현하기

일기를 쓰면 글쓰기 실력이 쑥쑥

일기 술술 ✏️ 왼쪽의 일기를 참고하여 스스로 일기를 써 보세요. 글쓰기에 자신이 생길 거예요.

| 날짜 | 년　월　일　요일 | 날씨 | ☀️ ☁️ ☂️ ❄️ 💨 |

| 제목 | |

생활 일기 감정을 나타내요 ②

핵심 콕콕 🎯 오늘 기분이 안 좋았던 경험을 떠올린 후 '감정'에 초점을 맞춰 일기를 써 봐요!

| 날짜 | 20XX년 12월 25일 목요일 | 날씨 | ☀️ ☁️ ☂️ ❄️ 🌬️ |

제목 깜빡 잊어버린 약속

[유치원 친구 민지랑 점심시간에 운동장에서 만나기로 했었다.
[ ]: ① 언제·어디에서·누구와 있었던 일인지, 무엇을 했는지 드러나도록 쓰기
그런데 깜빡 잊고 교실에서 다른 친구와 공기놀이를 했다. 하굣
　　　　시간 순서에 따라 사건의 흐름 정리하기
길에 우연히 만난 민지는 "점심시간에 왜 안 나왔어?"라고 묻고
는 그냥 가 버렸다. 서운하고 속상한 얼굴이었다. 그제서야 민지
　　　　　　　　　비슷한말(서운하다-속상하다) 사용해 보기
와의 약속이 생각나 나는 깜짝 놀랐다.]

　어쩐지 재미있게 놀면서도 뭔가 잊은 것 같은 기분이 들었었
다. 민지에게 미안하고 부끄러운 마음이 들어 저녁 내내 마음 한
　　　② 내가 느낀 감정·기분 표현하기
쪽이 찜찜했다. 내일은 꼭 민지에게 먼저 사과하고, 다시 기분 좋
게 놀아야지.

일기를 쓰면 글쓰기 실력이 쑥쑥

일기 술술 왼쪽의 일기를 참고하여 스스로 일기를 써 보세요. 글쓰기에 자신이 생길 거예요.

| 날짜 | 년 월 일 요일 | 날씨  |

| 제목 | |

생활 일기 생각을 표현해요 ①

핵심 콕콕 오늘 있었던 일을 떠올린 후 하나를 골라 '생각'에 초점을 맞춰 일기를 써 봐요!

| 날짜 | 20XX년 3월 7일 금요일 | 날씨 | ☀️ ☁️ ☂️ ❄️ 💨 |

제목 버려진 학교 우산

　오늘 아침, 교문 앞에 우산이 하나 버려져 있었다. 그 우산은
① 오늘 경험한 일 중 기억에 남는 일 고르기

비 오는 날 우산을 가져오지 않은 아이들에게 빌려주는 학교 우

산이었다. 우산의 손잡이는 꺾여 있었고, 천은 찢어져 있었다.
　　　　　　　경험한 일을 자세히 설명하기

'누가 이렇게 쓰고 그냥 두고 간 걸까?' 나는 잠시 멈춰 서서 생
인물이 마음속으로 한 말은 작은따옴표로 써 보기

각했다.

　[학교 우산은 여럿이 함께 사용하는 물건이다. 그런데 이렇
　[ ]: ② 경험한 일에 대한 나의 생각 적기

게 망가뜨리고 버려두면 다른 사람이 쓸 수 없다. 모두가 잘
내 생각을 원인과 결과로 정리해 보기

쓸 수 있도록 조심해서 사용해야 한다. 앞으로 나는 공용 물

건을 더 아끼고, 친구들에게도 그 마음을 알려야겠다고 생각

했다.]

일기를 쓰면 글쓰기 실력이 쑥쑥

일기 술술 왼쪽의 일기를 참고하여 스스로 일기를 써 보세요. 글쓰기에 자신이 생길 거예요.

| 날짜 | 년 월 일 요일 | 날씨 | ☀ ☁ ☂ ❄ 💨 |

제목

생활 일기 생각을 표현해요 ②

핵심 콕콕 오늘 있었던 일을 떠올린 후 하나를 골라 '생각'에 초점을 맞춰 일기를 써 봐요!

| 날짜 | 20XX년 4월 12일 토요일 | 날씨 |

제목 물건에도 정해진 자리를

손톱을 깎으려고 손톱깎이를 찾았다. 그런데 평소 있던 서
① 오늘 경험한 일 중 기억에 남는 일 고르기
랍에 없었다. 안방에도 욕실에도 없어 결국 온 집 안을 뒤졌
경험한 일을 시간 순서대로 정리하기
다. 10분 넘게 찾아 헤매다가 엉뚱한 서랍에서 찾을 수 있
었다.

[물건은 정해진 자리에 잘 두는 게 중요하다는 걸 느꼈다.
[ ]: ② 경험한 일에 대한 나의 생각 적기
그렇지 않으면 물건을 찾느라 많은 시간을 허비할 수 있다. 이
접속 표현 사용해 보기
작은 습관을 가지면 물건을 찾느라 고생할 일은 없을 것이다.

언제든 쉽게 꺼내 쓸 수 있도록 물건의 자리를 정해 두는 게 좋
꾸며 주는 말 사용해 보기
겠다. 정돈된 공간은 마음까지 편하게 해 준다. 내일은 자주 쓰
는 물건들을 한번 정리해야겠다.]

일기를 쓰면 글쓰기 실력이 쑥쑥

일기 술술 왼쪽의 일기를 참고하여 스스로 일기를 써 보세요. 글쓰기에 자신이 생길 거예요.

| 날짜 | 년   월   일   요일 | 날씨 | ☀️ ☁️ ☂️ ❄️ 🌬️ |

제목

칭찬 일기 나 오늘 이런 칭찬받았다

핵심 콕콕 칭찬받은 경험을 떠올린 후 그때의 마음이 어떠했는지 일기를 써 봐요!

날짜 20XX년 5월 19일 월요일   **날씨** ☁ ☂ ❄ 🌬

제목 열심히 한 복도 청소

　청소 시간에 내가 복도 쓸기를 맡았다. 맡은 일이니 책임감을
① 칭찬 상황 쓰기(언제·어디에서·어떤 일이 있었는지)
갖고 부지런히 쓸었다. 떨어진 휴지를 줍고, 구석구석 먼지를 쓸
어 깔끔하게 정리했다.

　[청소가 끝난 뒤 선생님께서 "복도가 아주 반짝반짝하구나!"
[ ]: ② 칭찬 내용(내가 칭찬받은 점, 칭찬받은 까닭) 적기   흉내 내는 말 활용해 보기
하시며 웃으셨다. 그리고 내게 "성실한 태도로 부지런히 청소했구
　　　　　　　　　　　　　　　비슷한말(성실하다-부지런하다) 활용해 보기
나. 고맙다."라고 칭찬해 주셨다.]

　['성실'은 누가 보지 않아도 스스로 열심히 행동하는 것이라고
[ ]: ③ 칭찬받았을 때 든 마음이나 생각 쓰기
생각한다. 만약 내가 게으름을 피웠다면 이런 기분 좋은 칭찬
　　　　　　반대말(게으르다↔성실하다, 부지런하다) 활용해 보기
은 듣지 못했을 것이다. 앞으로도 어떤 일이든 성실하게 해내고
싶다.]

일기를 쓰면 글쓰기 실력이 쑥쑥

일기 술술 ✏️ 왼쪽의 일기를 참고하여 스스로 일기를 써 보세요. 글쓰기에 자신이 생길 거예요.

| 날짜 | 년 월 일 요일 | 날씨 | ☀️ ☁️ ☂️ ❄️ 🌬️ |

제목

8일차 칭찬 일기 — 다른 사람을 칭찬합니다

핵심 콕콕 칭찬하고 싶은 사람을 떠올린 후 칭찬하는 내용을 구체적으로 밝혀 일기를 써 봐요!

| 날짜 | 20XX년 6월 24일 화요일 | 날씨 | ☀️ ☁️ ☂️ ❄️ 💨 |

제목 화가 최수민

▲ 칭찬하는 대상 그려 보기

　미술 시간이었다. 선생님께서 "자연 풍경을 그려 보자."라고 하셨다. 나는 꽃과 나비를 그렸는데 생각만큼 예쁘지 않아서 마음에 들지 않았다.
① 칭찬 상황 쓰기(언제·어디에서·어떤 일이 있었는지)

　그러다가 수민이의 그림을 보았다. [수민이는 초록 들판에 핀 노란 해바라기를 그렸는데 그림도 잘 그리고 색칠도 꼼꼼히 했다. 그래서 진짜 꽃밭에 있는 것처럼 느껴졌다. 수민이의 그림은 실제 풍경처럼 느껴질 만큼 멋졌다.]
접속 표현 활용해 보기 / 칭찬 대상 쓰기
[ ]: ② 칭찬 내용(상대가 잘하는 점·노력하는 점, 상대의 좋은 점, 칭찬하는 까닭 등) 적기

일기를 쓰면 글쓰기 실력이 쑥쑥

일기 술술 ✏️ 왼쪽의 일기를 참고하여 스스로 일기를 써 보세요. 글쓰기에 자신이 생길 거예요.

| 날짜 | 년 월 일 요일 | 날씨 | ☀️ ☁️ ☂️ ❄️ 💨 |

제목

칭찬하는 대상 그리기

감사 일기 오늘의 고마운 일 ①

핵심 콕콕 오늘 있었던 일 중 고마운 마음이 든 것을 떠올리며 일기를 써 봐요!

| 날짜 | 20XX년 7월 9일 수요일 | 날씨 | ☀️ ⛅ ☂️ ❄️ 🌬️ |

제목 맛있는 급식이 최고

　[오늘 급식은 내가 제일 좋아하는 미트볼과 따뜻한 옥수수 수프였다.] 나는 수프를 정말 좋아해서 이런 날은 아침부터 설렌다.

[ ]: ① 오늘 있었던 일 중 감사한 일 하나 정하기
(특별하지 않은 일이라도 좋아요. 일상에서 감사함을 표현할 수 있는 일로 정해 보세요.)

기분을 나타내는 말 사용하기

　[그런데 오늘뿐 아니라 우리 학교 급식은 늘 맛있다. 나는 급식을 먹을 때마다 '엄마 밥만큼 맛있다'고 느낀다. 엄마 밥은 따뜻한 정이 느껴지고, 급식은 여러 친구들과 먹는 즐거움이 있다. 둘 다 소중하지만 각각의 매력이 다르다는 걸 점점 더 알게 된다.]

[ ]: 있었던 일에 대한 생각이나 느낌 적기

두 대상(엄마 밥-급식)을 비교·대조해 보기

　오늘처럼 맛있는 급식을 먹을 수 있어서 정말 감사한 하루였다. 급식을 준비해 주시는 분들께 고맙다는 말도 전하고 싶다.

② 감사한 마음 표현하기

일기를 쓰면 글쓰기 실력이 쑥쑥

일기 술술 왼쪽의 일기를 참고하여 스스로 일기를 써 보세요. 글쓰기에 자신이 생길 거예요.

| 날짜 | 년　월　일　요일 | 날씨 | ☀ ☁ ☂ ❄ 💨 |

제목

감사 일기 오늘의 고마운 일 ②

핵심 콕콕 오늘 있었던 일 중 고마운 마음이 든 것을 떠올리며 일기를 써 봐요!

| 날짜 | 20XX년 9월 18일 목요일 | 날씨 |  |

제목 나를 기다려 준 아빠

[학교를 마치고 정문을 나서는데 아빠가 나를 향해 손을 흔들고 계셨다.] 그때 나는 배도 아프고 왠지 마음이 무거워 인상을 쓰고 있었는데, 아빠 얼굴을 본 순간 갑자기 몸이 가벼워지고 마음도 편안해졌다. "아빠!" 하고 부르고 환하게 웃으며 아빠에게 달려갔다.

[비가 오는 것도 아니고 특별히 약속한 것도 아닌데 아빠가 계셔서 놀랍고 반가웠다. [아빠가 기다려 주신 덕분에 오늘 하루가 더 특별하게 느껴졌다. 나를 기다려 주는 아빠가 있어서 참 행복하다.] 짧은 순간이었지만 정말 감사한 마음이 들었다.]

[ ]: ① 오늘 있었던 일 중 감사한 일 하나 정하기
높임 표현 활용해 보기
기분을 나타내는 말 사용하기
큰따옴표 활용해 보기
[ ]: 있었던 일에 대한 생각이나 느낌 적기
높임 표현 활용해 보기
[ ]: ② 감사한 마음 표현하기

일기 술술 — 왼쪽의 일기를 참고하여 스스로 일기를 써 보세요. 글쓰기에 자신이 생길 거예요.

| 날짜 | 년 월 일 요일 | 날씨 | ☀️ ☁️ ☂️ ❄️ 💨 |

제목

목표 일기 — 목표를 세워 볼까 ①

핵심 콕콕 🎯 목표를 하나 세우고, 그것을 달성하기 위한 계획을 일기로 써 봐요!

날짜	20XX년 10월 5일 일요일	날씨	☀ ☁ ☂ ❄ 🌬

제목 일찍 자고 일찍 일어나기

[요즘 늦게 자는 버릇 때문에 아침마다 눈 뜨는 게 전쟁이
[ ]: ① 현재의 문제를 밝히고, 이를 해결하기 위한 목표 세우기   비유적 표현 활용해 보기
다. 이번 주부터 일찍 자고 일찍 일어나기를 목표로 세웠다.]

오늘부터는 10시에 잠자리에 들고 7시에 일어나려고 한다. 이
② 목표를 이루기 위한 구체적인 실천 방법(계획, 다짐 등) 쓰기
를 위해 자기 전에는 휴대폰 게임 대신 독서를 할 것이다.

아침에는 알람을 듣고 바로 일어나 스트레칭부터 하기로 다짐했다.

[처음이 어려운 법이지, 시작이 반이라는 말처럼 도전하고 노력
속담 활용해 보기
하는 것이 중요하다고 생각한다. 피곤하다는 핑계는 이제 그만!
내 생활 습관을 고치기 위해 마음을 다잡았다. 이번 주부터 나를
위한 좋은 변화가 시작될 것이다.] [ ]: ③ 목표에 대한 나의 마음가짐이나 기대 드러내기

일기를 쓰면 글쓰기 실력이 쑥쑥

일기 술술 🖉 왼쪽의 일기를 참고하여 스스로 일기를 써 보세요. 글쓰기에 자신이 생길 거예요.

| 날짜 | 년 월 일 요일 | 날씨  |

제목

12일차 목표 일기 — 목표를 세워 볼까 ②

핵심 콕콕 목표를 하나 세우고, 그것을 달성하기 위한 계획을 일기로 써 봐요!

| 날짜 | 20XX년 11월 21일 금요일 | 날씨 | ☀️ ☁️ ☂️ ❄️ 〰️ |

제목 하루 30분 독서하자!

[요즘 책을 자주 읽지 못했다. 읽으려고 하면 자꾸 딴생각이 나거나 게임을 먼저 하게 된다. 책은 안 읽고 게임만 해서 엄마가 걱정하시는 것 같다.] 그래서 이번 주부터는 하루 30분씩 꼭 책을 읽기로 결심했다. 앞으로는 숙제를 마치고 나서 바로 책 읽는 시간을 가질 예정이다. 내일 읽을 책을 오늘 미리 골라 두어야겠다.

[처음엔 어렵더라도 꾸준히 하면 분명 달라질 것이라고 믿는다. 씨앗처럼 작은 습관이 나중에 큰 나무가 되리라 믿고 꾸준히 실천할 것이다. 언젠가는 책 읽는 시간이 하루 중 가장 기다려지는 순간이 되기를 바란다.]

[ ]: 현재의 문제 상황 밝히기
다른 사람의 마음 짐작해 보기
① 목표를 세우고, 목표를 이루기 위한 구체적인 실천 방법 쓰기
[ ]: ② 목표에 대한 나의 마음가짐이나 기대 드러내기
비유적 표현 활용해 보기

일기를 쓰면 글쓰기 실력이 쑥쑥

일기 술술 ✏️ 왼쪽의 일기를 참고하여 스스로 일기를 써 보세요. 글쓰기에 자신이 생길 거예요.

| 날짜 | 년 월 일 요일 | 날씨 | ☀️ ☁️ ☂️ ❄️ 💨 |

제목

13일차 체험 일기 어디를 다녀왔는데 ①

핵심 콕콕 어디를 다녀온 후 그곳에서의 경험을 바탕으로 일기를 써 봐요!

| 날짜 | 20XX년 12월 20일 토요일 | 날씨 | ☀️ ☁️ ☂️ ❄️ 🌬️ |

제목 살아 있는 역사를 만나다

[우리 가족은 오늘 국립중앙박물관에 다녀왔다. 먼저 선사 시
① 체험한 일 소개하기(언제·어디에서·누구와·무엇을 했는지)
대 전시실에서 돌도끼와 뗀석기를 봤는데 책에서 본 것보다 훨씬 커서 놀랐다. 그다음으로 신라의 금관을 봤다. 진짜 금으로 만들
체험을 통해 알게 된 사실 적기
어졌다고 해서 놀랐고, 빛깔이 굉장히 아름다웠다. 그 외에도 반가사유상, 고려청자, 조선백자를 볼 수 있었다.] [ ]: ② 체험 내용과 방법을 시간 순서대로 설명하기
여러 대상을 차례대로 열거해 보기

　엄마는 "이렇게 실제로 보면 더 오래 기억에 남는다."라고 말씀하셨다. 나도 역사 공부를 재미있게 할 수 있을 것 같다는 생
③ 체험한 일에 대한 생각이나 느낌 적기
각이 들었다. 처음엔 그냥 구경하러 간다고 생각했는데 뜻밖에 배울 게 많았던 하루였다.

일기를 쓰면 글쓰기 실력이 쑥쑥

일기 술술 왼쪽의 일기를 참고하여 스스로 일기를 써 보세요. 글쓰기에 자신이 생길 거예요.

| 날짜 | 년 월 일 요일 | 날씨 | ☀ ☁ ☂ ❄ 🌬 |

제목

14일차 체험 일기 어디를 다녀왔는데 ②

핵심 콕콕 어디를 다녀온 후 그곳에서의 경험을 바탕으로 일기를 써 봐요!

| 날짜 | 20XX년 5월 31일 토요일 | 날씨 | ☀️ ☁️ ☂️ ❄️ 🌬️ |

제목 기분이 좋아지는 도서관

엄마와 함께 도서관에 갔다. 땀 흘리며 걸어왔는데 도서관에
① 체험한 일 소개하기(언제·어디에서·누구와·무엇을 했는지)
시원한 에어컨 바람이 불어서 기분이 매우 좋았다.
감각적 표현을 활용해 경험 표현해 보기
나는 어린이 코너에서 〈도깨비 감투〉라는 책을 골랐다. 그림도
② 체험 내용과 방법을 자세히 쓰기
많고 이야기가 재미있어서 한참 동안 빠져들었다. 한 시간쯤 책
을 읽고 나서 다른 책 한 권을 빌렸다. 책 냄새와 조용한 분위기
③ 체험을 통해 든 생각이나 느낌 적기
덕분에 마음이 차분해졌다. 도서관에 오면 머릿속이 깨끗해지는 것 같다. 도서관에 자주 오고 싶다.

◀ 체험한 내용을 그리거나 체험하면서 찍은 사진 붙여 보기

일기를 쓰면 글쓰기 실력이 쑥쑥

일기 술술 왼쪽의 일기를 참고하여 스스로 일기를 써 보세요. 글쓰기에 자신이 생길 거예요.

| 날짜 | 년   월   일   요일 | 날씨 | ☀️ ☁️ ☂️ ❄️ 🌬️ |

| 제목 | |

체험한 내용을 그리거나 사진 붙이기

39

관람 일기 무엇을 관람했는데 ①

핵심 콕콕 영화나 연극을 관람한 후 인상적이었던 기억을 바탕으로 일기를 써 봐요!

날짜 20XX년 6월 5일 목요일 **날씨** ☀️ ☁️ ☂️ ❄️ 💨

제목 영화 <시간을 걷는 아이>를 보고

　가족과 함께 영화관에 가서 <시간을 걷는 아이>라는 애니
① 관람한 일 소개하기(누구와·언제·어디에서·무엇을 보았는지)
메이션을 봤다. 주인공 '이안'이 과거와 미래를 오가는 특별한
② 관람 내용(작품의 등장인물, 줄거리 등) 쓰기
시계를 얻게 되면서 겪는 모험 이야기였다. 가장 인상 깊었던
③ 인상 깊었던 장면 적기
장면은 미래에서 자신의 실수로 친구들과 멀어진 모습을 본

이안이 현재로 돌아와 용기를 내 친구들에게 사과하는 부분이

었다.

　[나도 이안처럼 시간을 되돌릴 수 있으면 좋겠다는 생각이 들
[ ]: ④ 관람 후 든 생각·느낌 적기(인물의 마음을 짐작해 보거나, 인물에게 해 주고 싶은 말 등)
었다. 하지만 그건 불가능하다. 대신 지금 좋은 선택을 하면 좋
자신의 생각을 원인과 결과로 정리해 보기
은 미래가 생기지 않을까? 앞으로는 더 나은 결과를 얻을 수 있

도록 행동 하나하나를 신중히 해야겠다.]

일기를 쓰면 글쓰기 실력이 쑥쑥

일기 술술 ✏️ 왼쪽의 일기를 참고하여 스스로 일기를 써 보세요. 글쓰기에 자신이 생길 거예요.

| 날짜 | 년   월   일   요일 | 날씨 | ☀️ ☁️ ☂️ ❄️ 💨 |

| 제목 | |

16일차 관람 일기   무엇을 관람했는데 ②

핵심 콕콕 운동 경기를 관람한 후 인상적이었던 기억을 바탕으로 일기를 써 봐요!

| 날짜 | 20XX년 8월 3일 일요일 | 날씨 | ☀️ ☁️ ☂️ ❄️ 🌬 |

제목 홈런을 친 4번 타자

　오늘은 아빠와 야구장에 갔다. 처음 가 본 야구장이어서
① 관람한 일 소개하기(누구와·언제·어디에서·무엇을 보았는지)
가슴이 두근거리고 설렜다.
기분을 나타내는 말 사용하기
　[처음에는 양 팀이 점수를 못 내고 팽팽하게 경기했다. 6회
[ ]: ② 관람 내용(시간에 따른 경기 흐름, 경기 중 있었던 일 등)과 인상 깊었던 장면 쓰기
말, 우리 팀의 4번 타자가 힘차게 공을 쳤다. 홈런이 되자 관중
석에서는 "와아—!" 하는 소리가 터져 나왔다.] 그 순간 내가
큰따옴표 활용해 보기
체육 시간에 홈런을 쳤던 기억이 떠오르며 선수가 된 것처럼 짜
③ 관람 후 든 생각·느낌 적기(비슷한 경험, 선수에게 하고 싶은 말 등)

릿하고 즐거웠다.
　야구장의 열기와 신나는 응원 소
리가 아직도 기억에 남는다.

◀ 관람한 경기의 입장권을 붙이거나
　관람 내용을 그림, 사진으로 나타내 보기

일기를 쓰면 글쓰기 실력이 쑥쑥

일기 술술 왼쪽의 일기를 참고하여 스스로 일기를 써 보세요. 글쓰기에 자신이 생길 거예요.

| 날짜 | 년 월 일 요일 | 날씨 | ☀ ☁ ☂ ❄ 〰 |

제목

관람한 내용을 그리거나 사진 붙이기

상상 일기 — 이런 게 생겼으면 좋겠어

핵심 콕콕 평소에 생기면 좋겠다고 상상한 사물에 대해 일기를 써 봐요!

날짜	20XX년 9월 10일 수요일	날씨	☀ ☁ ☂ ❄ 🌬

제목 마음이 보이는 안경

　마음이 보이는 <u>신기한</u> 안경이 있으면 얼마나 좋을까? 이 안경을
꾸며 주는 말 활용해 보기

쓰면 사람들의 머리 위에 그 사람이 지금 하고 있는 생각이 떠오르
① 상상한 사물의 특징을 구체적으로 설명하기

는 것이다. 이 안경이 있으면 지예가 왜 화났는지를 알게 되어 화
　　　　　　　　　　　　　　　　　② 상상한 까닭·계기(이 사물이 생기면 좋겠는 이유) 밝히기

해할 수 있고, 앞으로 괜히 오해해서 다투는 일도 없어질 것이다.

　물론 거짓말이 들통나 부끄러울 때도 있을 것이다. 그래도 나

는 마음이 잘 보이는 이 안경을 정말 가지고 싶다. 사람 마음
꾸며 주는 말 활용해 보기

을 살펴볼 수 있는 특별한 물
③ 상상하며 든 생각이나 느낌 쓰기

건, 너무 멋지지 않을까?

▲ 상상한 사물 그려 보기

일기를 쓰면 글쓰기 실력이 쑥쑥

일기 술술 왼쪽의 일기를 참고하여 스스로 일기를 써 보세요. 글쓰기에 자신이 생길 거예요.

| 날짜 | 년   월   일   요일 | 날씨 | ☀ ☁ ☂ ❄ 💨 |

제목

상상한 사물 그리기

상상 일기 — 이런 능력이 있으면 좋겠어

핵심 콕콕 평소에 생기면 좋겠다고 상상한 능력에 대해 일기를 써 봐요!

날짜	20XX년 10월 27일 월요일	날씨	

제목 동물과 대화할 수 있다면

만약 나에게 동물들과 대화할 수 있는 능력이 있다면 얼마나 좋을까? 우리 집 강아지 콩이는 아마 "소시지 좀 더 줘!" 하며 나에게 졸라 댈 것이다. 공원의 새들은 "너무 더워!" 하며 수다를 떨고, 놀이터 고양이들은 "새들은 너무 시끄러워." 하며 투덜댈지도 모르겠다.

① 상상한 능력 설명하기
상상한 일이 실제로 일어날 경우 생길 일 써 보기

[이 능력이 생긴다면 동물들의 속마음을 이해해 줄 수 있어서 사람과 동물 모두 더 행복해질 것 같다.] 어쩌면 아픈 동물의 고민을 들어 주고, 위로해 줄 수도 있을 것이다. 상상만으로도 마음이 따뜻해지고 즐거워지는 이 능력, 언젠가는 정말로 생기면 좋겠다.

② 상상한 까닭·계기(이 능력을 가지고 싶은 이유) 밝히기
[ ]: 상상한 내용을 원인과 결과로 정리해 보기
③ 상상하며 든 생각이나 느낌 쓰기

일기를 쓰면 글쓰기 실력이 쑥쑥

일기 술술 왼쪽의 일기를 참고하여 스스로 일기를 써 보세요. 글쓰기에 자신이 생길 거예요.

| 날짜 | 년 월 일 요일 | 날씨 | ☀️ ☁️ ☂️ ❄️ 〰️ |

제목

관찰 일기 오늘 날씨는 이래

> **핵심 콕콕** 오늘의 날씨가 어떤지 자세히 관찰한 후 일기를 써 봐요!

| 날짜 | 20XX년 11월 15일 토요일 | 날씨 | |

제목 파란 하늘이 멋진 날

아침에 일어나 거실 창밖으로 날씨를 관찰했다. [하늘에는 구
① 관찰 대상(날씨)과 상황(언제·어디서·어떻게 관찰했는지) 서술하기
름이 잔뜩 끼어 있어 조금 어두웠다. 하지만 점심이 가까워질수

록 구름이 걷히고 햇빛이 조금씩 비치기 시작했다. 오후 2시쯤에

는 구름이 완전히 사라지고 파란 하늘이 펼쳐졌다. 시원한 바람
[ ]: ② 관찰한 내용(날씨의 변화)
자세히 적기
까지 불어와 산책하기에 딱 좋은 날씨였다.]
(일이 일어난 차례에 따라
내용 정리하기)

[하루 동안 달라지는 하늘의 모습을 지켜보는 일이 무척 흥미로
[ ]: ③ 관찰하면서 든 생각이나 느낌 적기

웠다. 하늘도 마치 사람처럼 기분이 왔다 갔다 한다는 생각이 들
비유적 표현을 활용해 특징 설명해 보기

었다. 내일은 어떤 표정을 지닌 하늘을 만나게 될지 벌써부터 기

대된다.]

일기를 쓰면 글쓰기 실력이 쑥쑥

일기 술술 🖉 왼쪽의 일기를 참고하여 스스로 일기를 써 보세요. 글쓰기에 자신이 생길 거예요.

| 날짜 | 년   월   일   요일 | 날씨 | ☀️ ☁️ ☂️ ❄️ 💨 |

| 제목 | |

20일차 관찰 일기 — 새로 산 물건을 소개하지

핵심 콕콕 내가 가진 물건(혹은 주변의 물건)을 자세히 관찰한 후 일기를 써 봐요!

| 날짜 | 20XX년 12월 30일 화요일 |

날씨: ☀ ☁ ☂ ❄ 💨

제목 새로 산 필통

문방구에서 새 필통을 샀다.
① 관찰 대상(물건) 소개하기

[색은 반짝이는 은색으로, 햇빛
[ ]: ② 관찰한 내용(물건의 특징) 자세히 적기

을 받으면 무지개 빛이 살짝 돈

다. 겉면은 말랑말랑하고 폭신
　　　　　흉내 내는 말을 활용해 특징 설명해 보기

하다. 살짝 눌러 보니 푹신한 베

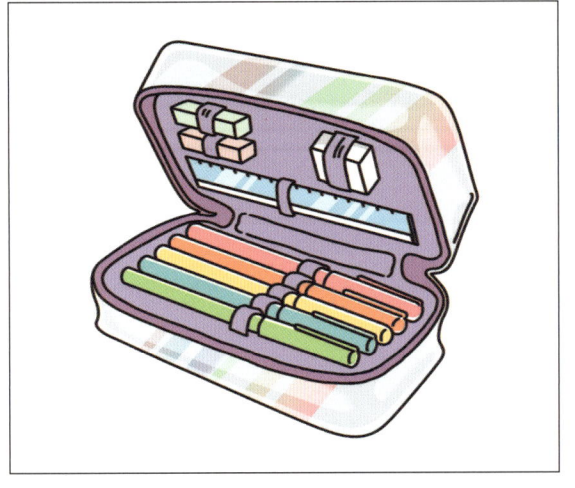
▲ 관찰한 물건을 그리거나 사진 붙여 보기

개를 만지는 느낌이었다. 안쪽은 보라색 천으로 되어 있고, 칸이
비유적 표현을 활용해 특징 설명해 보기

나뉘어 있어 정리하기도 좋아 보인다.] 필통을 열 때마다 나는
　　　　　　　　　　　　　　③ 관찰 후에 든 생각이나 느낌 적기

설레는 마음이 든다. 좋아하는 물건이 옆에 있다는 건 참 기분

좋은 일이다.

일기를 쓰면 글쓰기 실력이 쑥쑥

일기 술술 왼쪽의 일기를 참고하여 스스로 일기를 써 보세요. 글쓰기에 자신이 생길 거예요.

| 날짜 | 년 월 일 요일 | 날씨 | ☀ ☁ ☂ ❄ 💨 |

제목

관찰한 물건을 그리거나 사진 붙이기

관찰 일기 동물 친구를 살펴볼까

핵심 콕콕 주변의 동물이나 곤충을 관찰한 후 그 특징에 대해 일기를 써 봐요!

| 날짜 | 20XX년 1월 3일 금요일 | 날씨 | ☀ ☁ ☂ ❄ 〰 |

제목 귀여운 토끼, 토토

시골 할머니 집에는 귀여운 토끼 한 마리가 있다. 토토라고 이
① 관찰 대상(동물이나 곤충) 소개하기
름을 지어 주었는데, 흰 털이 보들보들하다.

[토토는 몸집은 작지만 귀는 길쭉하다. 눈은 동그랗고, 분홍빛
[ ]: ② 관찰한 내용(동물이나 곤충의 특징) 자세히 적기
코는 냄새를 맡을 때마다 실룩거린다. 아주 작은 입으로 당근을
먹을 때는 아삭아삭 소리가 들려
감각적 표현을 활용해 실감 나게 설명해 보기
무척 귀엽다.]

토토를 안아 내 무릎에 앉히면
③ 관찰 대상에 대한 생각이나 느낌 적기
폭신한 솜 인형을 안는 기분이다.
따뜻하고 기분 좋은 이 느낌 덕분에
나는 토토가 좋다.

▲ 관찰한 동물(곤충)을 그리거나 사진을 붙인 후 관찰 내용 적어 보기

# 일기를 쓰면 글쓰기 실력이 쑥쑥

일기 술술 왼쪽의 일기를 참고하여 스스로 일기를 써 보세요. 글쓰기에 자신이 생길 거예요.

| 날짜 | 년 월 일 요일 | 날씨 ☀ ☁ ☂ ❄ 🌬 |

| 제목 | |

관찰한 동물(곤충)을 그리거나
사진을 붙인 후 관찰 내용 적기

관찰 일기 쑥쑥 자라는 식물

핵심 콕콕 주변의 식물(키우는 채소나 과일도 좋아요)을 자세히 관찰한 후 일기를 써 봐요!

날짜 20XX년 9월 7일 일요일   **날씨**

제목 해를 닮은 노란 해바라기

　아파트 화단에는 노란 해바라기가 있다. 어제까지만 해도 푸른 잎만 보였는데, 오늘은 해처럼 둥글고 커다란 꽃이 활짝 피었다.
① 관찰 대상(식물) 소개하기
비유적 표현을 활용해 특징 설명해 보기

　[해바라기의 꽃잎은 선명한 노란색이고, 가운데 씨앗 부분은 진한 갈색으로 까슬까슬했다. 줄기는 내 키보다 크고 초록색이 진하게 반짝였다. 코를 가까이 대 보니 풀냄새가 은은하게 났다.]
[ ]: ② 관찰한 내용(식물의 특징) 자세히 적기
감각적 표현을 활용해 특징 설명해 보기

　바람이 불면 사각사각 잎이 흔들렸고, 그 소리를 듣는 순간 마음이 시원해지는 기분이었다.
③ 관찰하면서 든 생각이나 느낌 적기

▲ 관찰한 식물을 그리거나 사진을 붙인 후 관찰 내용 적어 보기

일기를 쓰면 글쓰기 실력이 쑥쑥

일기 술술 왼쪽의 일기를 참고하여 스스로 일기를 써 보세요. 글쓰기에 자신이 생길 거예요.

| 날짜 | 년 월 일 요일 | 날씨 |  |

제목

관찰한 식물을 그리거나
사진을 붙인 후 관찰 내용 적기

설명 일기 계절을 알아봐요

핵심 콕콕 우리나라의 사계절 중 하나를 골라 이에 대해 설명하는 일기를 써 봐요!

| 날짜 | 20XX년 3월 3일 월요일 | 날씨 | 🌬 |

제목 내가 좋아하는 여름

　우리나라의 여름은 6월부터 8월까지 이어진다. [날씨는 덥고
① 설명 대상(계절) 소개하기

습하며, 기온이 30도 이상 오르는 날이 많다. 햇볕이 강해 밖에
대상의 특징을 하나씩 열거해 보기

서 활동하기 어려운 날도 많다. 사람들은 더위를 피하기 위해 얇

고 시원한 옷을 입고, 선풍기와 에어컨 같은 냉방 기기를 자주 사

용한다. 바다나 계곡에서 물놀이를 즐기기도 한다.]
　　　　　　　　　　　　　　　[ ]: ② 대상의 특징 설명하기(내 생각이 아닌 객관적 사실을 쓰기)

[비록 덥고 모기도 많아 힘들지만 나는 여름을 좋아한다. 왜냐
대상에 대한 생각을 원인과 결과로 설명해 보기

하면 방학이 있어 실컷 놀 수 있고, 길게 여행도 갈 수 있기 때문

이다. 내가 좋아하는 수박을 마음껏 먹을 수 있다는 점도 좋다.

그래서 빨리 여름이 왔으면 좋겠다.] [ ]: ③ 대상에 대한 생각이나 감정 적기

일기를 쓰면 글쓰기 실력이 쑥쑥

일기 술술 왼쪽의 일기를 참고하여 스스로 일기를 써 보세요. 글쓰기에 자신이 생길 거예요.

| 날짜 | 년 월 일 요일 | 날씨 | ☀️ ☁️ ☂️ ❄️ 💨 |

제목

24일차 설명 일기 — 우리나라의 명절

핵심 콕콕 우리나라의 명절 중 하나를 골라 이에 대해 설명하는 일기를 써 봐요!

날짜 20XX년 1월 29일 수요일   **날씨** ☀️ ☁️ ☂️ ❄️(O) 🌬️

제목 우리나라 대표 명절, 설날

　음력 1월 1일, 설날은 우리나라의 대표적인 명절이다. [설날 아
① 설명 대상(명절) 소개하기
침이 되면 사람들은 일찍 일어나 예쁜 한복을 차려입는다. 그리
일이 일어나는 차례에 따라 정리해 보기
고 조상님께 차례를 지낸 다음 어른들께 세배를 드리고 덕담을 들은 후 세뱃돈을 받는다. 떡국, 잡채 등 맛있는 명절 음식을 함께 만들어 먹기도 한다. 우리나라에서는 설날에 떡국을 한 그릇 먹어야 나이 한 살을 먹는다고 생각한다. 그 후에는 윷놀이, 연날리기 같은 전통놀이도 즐긴다.] [ ]: ② 대상의 특징(명절에 하는 일 등) 설명하기

　설날은 가족, 친척들과 함께 웃고 즐기며 따뜻한 마음을 나누
③ 대상에 대한 생각이나 감정 적기
는 특별한 날이다. 세뱃돈까지 받을 수 있어 두 배로 행복한 날이다.

일기를 쓰면 글쓰기 실력이 쑥쑥

일기 술술 왼쪽의 일기를 참고하여 스스로 일기를 써 보세요. 글쓰기에 자신이 생길 거예요.

| 날짜 | 년 월 일 요일 | 날씨 | ☀ ☁ ☂ ❄ 💨 |

제목

설명 일기 친구들과 하는 놀이

핵심 콕콕 친구들과 하는 놀이 중 하나를 골라 이에 대해 설명하는 일기를 써 봐요!

| 날짜 | 20XX년 4월 5일 토요일 | 날씨   |

제목 딱지치기를 아시나요?

　오늘은 우리나라의 전통놀이 '딱지치기'를 소개하려 한다. [놀이 방
① 설명 대상(놀이) 소개하기
법은 간단하다. 바닥에 놓인 딱지를 손에 든 딱지로 쳐서 뒤집으면
[ ]: ② 대상의 특징(놀이 방법 등) 설명하기
된다. 내가 상대의 딱지를 뒤집으면 그 딱지는 나의 것이 되고, 반대
로 상대가 내 딱지를 뒤집으면 내 딱지를 상대에게 뺏기게 된다.]

　[딱지치기를 잘하기 위해서는 두 가지가 중요하다. 하나는 딱
[ ]: 놀이를 잘할 수 있는 방법 알려 주기
지를 튼튼하게 잘 만드는 것이다. 우유갑이나 달력 같은 두꺼운
종이를 두 장 겹쳐 만들면 딱지가 튼튼하고, 쳤을 때 잘 튄다.
또 다른 하나는 각도를 잘 맞춰서 힘껏 내려치는 것이다.] 이 비
앞에서 나온 내용(딱지치기를 잘하는 방법)을 가리키는 말 활용해 보기
법으로 친구들의 딱지를 많이 따서 내가 우리 반의 딱지왕이 되
③ 대상을 조사하고 난 후의 생각이나 느낌 적기
었다. 뿌듯하다.

일기를 쓰면 글쓰기 실력이 쑥쑥

일기 술술 ✏️ 왼쪽의 일기를 참고하여 스스로 일기를 써 보세요. 글쓰기에 자신이 생길 거예요.

| 날짜 | 년 월 일 요일 | 날씨 | ☀️ ☁️ ☂️ ❄️ 🌬️ |

제목

설명 일기 — 내가 좋아하는 운동

핵심 콕콕 자신이 좋아하는 운동 하나를 골라 이에 대해 설명하는 일기를 써 봐요!

날짜 20XX년 8월 10일 일요일 **날씨** ☀️ ☁️ ☂️ ❄️ 🌬️

제목 좋아 좋아 줄넘기 좋아

내가 가장 좋아하는 운동은 줄넘기다. ① 설명 대상(운동) 소개하기
[줄넘기는 양손으로 줄의 손잡이를 잡고 머리 위에서 발 아래로 돌리며 줄을 뛰어넘으면 된다. 걸리지 않고 더 많이 넘을수록 잘하는 것이다. 양발 뛰기, 한 발 뛰기, X자 뛰기 등 다양한 방법으로 뛸 수 있다.] ② 대상의 특징(운동 방법 등) 설명하기
대상의 특징을 열거법으로 설명해 보기

[내가 줄넘기를 좋아하는 이유는 기록을 깨는 것이 즐겁기 때문이다. 100개, 200개, 300개 이렇게 새로운 기록을 세울 때마다 정말 짜릿하다. 그리고 줄만 있으면 할 수 있다는 점과 집 앞이나 학교 운동장 등 장소에 구애 받지 않고 즐길 수 있는 점이 줄넘기의 장점이다. 줄넘기를 하면 땀이 나고 숨이 차지만 그만큼 건강해지는 기분이다.] ③ 대상을 좋아하는 이유 적기
기분을 나타내는 말 사용하기

일기를 쓰면 글쓰기 실력이 쑥쑥

일기 술술 왼쪽의 일기를 참고하여 스스로 일기를 써 보세요. 글쓰기에 자신이 생길 거예요.

| 날짜 | 년 월 일 요일 | 날씨 ☀️ ☁️ ☂️ ❄️ 🌬️ |

제목

설명 일기 요리를 해 볼까요

핵심 콕콕 음식을 만든 후 그 과정과 느낀 점을 떠올리며 일기를 써 봐요!

날짜 20XX년 11월 5일 수요일 **날씨** ☀️ ☁️ ☂️ ❄️ 💨

제목 노릇노릇 식빵피자

▲ 요리한 음식을 그리거나 요리하면서 찍은 사진 붙여 보기

　엄마와 함께 식빵피자를 만들었
① 설명 대상(음식) 쓰기
다. 필요한 재료는 식빵, 피자치즈,
② 요리에 필요한 재료 쓰기
토마토소스, 햄, 파프리카이다.

　먼저 식빵에 토마토소스를 골고루
③ 순서에 따른 요리 과정, 과정 중에 있었던 일 쓰기
발랐다. 그 위에 작게 자른 햄과 파프리카를 올린 후 피자치즈를 듬뿍 뿌렸다. 재료를 모두 올린 식빵을 전자레인지에 2분간 돌리면 완성!

　치즈가 노릇노릇하게 녹자 고소한 냄새가 주방에 퍼졌다. 완성
④ 요리하면서 느낀 점 쓰기(음식의 맛, 식감 등)
된 식빵피자를 한입 베어 물었을 때 겉은 바삭하고 속은 촉촉해서 굉장히 맛있었다.

일기를 쓰면 글쓰기 실력이 쑥쑥

일기 술술  왼쪽의 일기를 참고하여 스스로 일기를 써 보세요. 글쓰기에 자신이 생길 거예요.

| 날짜 | 년 월 일 요일 | 날씨 | ☀️ ☁️ ☂️ ❄️ 💨 |

제목

요리한 음식을 그리거나
요리하면서 찍은 사진 붙이기

설명 일기 — 순서에 따라 만들기

핵심 콕콕 🎯 순서에 따라 무언가를 만들거나 조립한 후 그 과정을 정리하여 일기를 써 봐요!

| 날짜 | 20XX년 3월 25일 화요일 | 날씨 | ☀️ ☁️(○) ☂️ ❄️ 💨 |

제목 접시 부채 만들기

준비물 종이 접시 1개, 색연필, 색종이, 풀, 나무젓가락
① 필요한 준비물 쓰기

만드는 법
① 종이 접시에 색연필로 예쁘게 그림을 그린다.
② 색종이를 꽃잎 모양으로 오려 종이 접시에 풀로 붙인다.
③ 종이 접시의 아랫부분에 나무젓가락을 붙인다.
④ 완성된 부채를 흔들어 시원한 바람을 맞는다.

② 만드는 방법·과정을 순서에 따라 정리하기

▲ 만드는 과정을 그림이나 사진으로 나타내 보기

내가 만든 부채로 더운 여름을 시원하게 날 수 있을 것 같다.
③ 만들고 난 후에 든 생각이나 느낌 쓰기
할머니께도 선물로 하나 만들어 드려야지.

일기 술술 왼쪽의 일기를 참고하여 스스로 일기를 써 보세요. 글쓰기에 자신이 생길 거예요.

| 날짜 | 년 월 일 요일 | 날씨 | ☀️ ☁️ ☂️ ❄️ 🌬️ |

제목

만드는 과정을 그림이나 사진으로 나타내기

여행 일기 여행을 기록해요 ①

핵심 콕콕 여행지에서 보고 들은 것, 느낀 점을 떠올리며 일기를 써 봐요!

| 날짜 | 20XX년 6월 23일 월요일 | 날씨 | ☀️ ☁️ ☂️ ❄️ 🌬️ |

제목 제주에서의 추억

▲ 여행 경험을 그리거나 사진 붙여 보기

지난 주말에 제주도로 가족
① 여행지 소개하기(언제·어디로·누구와 갔는지)
여행을 다녀왔다. 도착하니 바람이 살랑살랑 불고 하늘도
여행지의 특징(위치, 풍경 등) 적기
맑았다.

[우리는 먼저 바다로 갔다. 바다는 에메랄드빛을 띠고, 몽돌은 반짝였다. 점심으로 흑돼지
[ ]: ② 여행지에서의 경험(본 것, 먹은 것, 있었던 일 등) 중 인상적이었던 일을 중심으로 적기
구이를 먹었는데 고기가 지글지글 구워지는 소리에 침이 꼴깍 넘어갔다. 오후에는 풍경이 좋은 카페에 가서 귤주스와 당근주스를 마셨다.] 달콤하고 시원한 맛이 여행을 더욱 특별하게 해 주
③ 여행하면서 느낀 점 쓰기
는 느낌이었다.

일기를 쓰면 글쓰기 실력이 쑥쑥

일기 술술 ✏️ 왼쪽의 일기를 참고하여 스스로 일기를 써 보세요. 글쓰기에 자신이 생길 거예요.

| 날짜 | 년 월 일 요일 | 날씨 | ☀️ ☁️ ☂️ ❄️ 〰️ |

제목

여행 경험을 그리거나 사진 붙이기

여행 일기 여행을 기록해요 ②

핵심 콕콕 여행지에서 보고 들은 것, 느낀 점을 떠올리며 일기를 써 봐요!

| 날짜 | 20XX년 10월 31일 금요일 | 날씨 |

제목 시간이 천천히 흐르는 경주

학교에서 경주로 수학여행을 갔다. [처음 간 곳은 첨성대였다.
① 여행지 소개하기(언제·어디로·누구와 갔는지)   시간을 나타내는 말을 활용해 여정 쓰기

교과서에서만 보던 모습을 실제로 보니 신기했다. 첨성대 주변에는 꽃이 만발한 정원이 있었고, 넓은 들판에서 바람이 솔솔 불었다.

다음으로는 황리단길로 이동했다. 고즈넉한 골목길을 걸으며 한
시간을 나타내는 말을 활용해 여정 쓰기

옥을 구경했고, 맛있는 경주빵도 먹었다.] [ ]: ② 여행지에서의 경험을 시간 순서대로 적기

경주는 시간이 천천히 흐르
③ 여행하면서 느낀 점이나 든 생각 적기

는 도시 같았다. 자연도 아름답고, 예쁜 건물과 전통도 살아있는 느낌이어서 다시 꼭 오고 싶은 여행지로 마음에 남았다.

▲ 여행 경험을 그리거나 사진 붙여 보기

일기를 쓰면 글쓰기 실력이 쑥쑥

일기 술술 ✏️ 왼쪽의 일기를 참고하여 스스로 일기를 써 보세요. 글쓰기에 자신이 생길 거예요.

| 날짜 | 년 월 일 요일 | 날씨 ☀️ ☁️ ☂️ ❄️ 🌬️ |

| 제목 | |

여행 경험을 그리거나 사진 붙이기

31일차 주장 일기 — 내 의견을 내세워요 ①

핵심 콕콕 🎯 주제를 하나 정하고, 그에 대한 자신의 주장을 근거와 함께 일기로 써 봐요!

날짜 20XX년 2월 7일 금요일 **날씨** ☀️ ☁️ ☂️ ❄️ 🌬️

제목 공부보다 놀이가 먼저다

　나는 잘 노는 것이 매우 중요하다고 생각한다.
<u>① 자신의 의견 제시하기(무엇을 주장하는지)</u>
[왜냐하면 놀이는 머리를 쉬게 해 주고, 몸도 건강하게 해 주기 때문이다.
[ ]: ② 주장의 근거(주장하는 까닭) 밝히기
계속 공부만 하면 몸도 마음도 지치는데, 놀면 기분이 좋아지고
근거를 비교·대조의 방법으로 서술해 보기
다시 무언가에 집중할 힘이 생긴다.] 놀이는 마치 피로 해소 음
비유적 표현 활용해 보기
료와 같다.

　실제로 나는 학원을 다녀오거나 숙제를 하고 나면 머리가 아
주장을 뒷받침하는 경험이나 알고 있는 사실 적기
플 때가 많다. 그럴 때는 게임을 하거나 친구들과 놀고 나면 머
리가 맑아져서 전보다 암기도 잘 되고 문제도 잘 풀린다.

　그래서 나는 공부도 중요하지만 그보다 더 중요한 것은 '잘 노
주장을 강조하며 마무리하기
는 것'이라고 생각한다.

일기를 쓰면 글쓰기 실력이 쑥쑥

일기 술술 ✏️ 왼쪽의 일기를 참고하여 스스로 일기를 써 보세요. 글쓰기에 자신이 생길 거예요.

| 날짜 | 년 월 일 요일 | 날씨 | ☀️ ☁️ ☂️ ❄️ 🌬️ |

| 제목 | |

32일차 주장 일기 내 의견을 내세워요 ②

핵심 콕콕 주제를 하나 정하고, 그에 대한 자신의 주장을 근거와 함께 일기로 써 봐요!

| 날짜 | 20XX년 4월 17일 목요일 | 날씨 | ☀️ ☁️(○) ☂️ ❄️ 🌬️ |

제목 칭찬 상자를 만듭시다

　학교에 칭찬 상자를 만들었으면 좋겠습니다. [왜냐하면 칭
① 자신의 의견 제시하기(무엇을 주장하는지)
찬 상자가 있으면 친구의 좋은 행동을 발견하고 다른 친구들
[ ]: ② 주장의 (첫 번째) 근거 밝히기
에게 알릴 수 있는 기회가 되기 때문입니다. 이렇게 하면 평소

눈에 잘 띄지 않던 친구들도 칭찬받을 수 있습니다.]

　[누군가를 칭찬하는 것은 모두에게 좋은 일입니다. 칭찬을 받
[ ]: ③ 주장의 (두 번째) 근거 밝히기
은 친구는 자랑스럽고, 칭찬을 한 사람도 뿌듯합니다. 칭찬은 고
기분을 나타내는 말 활용해 보기
래도 춤추게 한다는 말이 있습니다. 그렇게 서로를 칭찬하다 보
인용 표현(남의 말이나 글을 자신의 말이나 글 속에 끌어 쓴 것) 활용해 보기
면 반 전체 분위기도 더 밝아질 것입니다.] 칭찬 상자를 만들어
주장을 강조하며 마무리하기
더 행복한 우리 반이 되었으면 좋겠습니다.

일기를 쓰면 글쓰기 실력이 쑥쑥

일기 술술 🖉 왼쪽의 일기를 참고하여 스스로 일기를 써 보세요. 글쓰기에 자신이 생길 거예요.

| 날짜 | 년   월   일   요일 | 날씨 | ☀️ ☁️ ☂️ ❄️ 💨 |

| 제목 | |

그림일기 일기를 그려 봅시다

> **핵심 콕콕** 오늘 있었던 일 중 기억에 남는 일을 골라 그림과 글로 일기를 써 봐요!

| 날짜 | 20XX년 8월 22일 금요일 | 날씨 | ☀️ ☁️ ☂️ ❄️ 〰️ |

제목 사촌 누나와의 계곡 물놀이

▲ ③ 일기의 한 장면을 그림으로 그리기

사촌 누나네와 함께 계곡으로 물놀이를 갔다. 나는 튜브를 타
① 기억에 남는 일 쓰기(언제·어디에서·누구와·무엇을 했는지)

고 물 위에 둥둥 떠 있었다. 햇살은 따갑게 내리쬐고, 물은 반짝
감각적 표현을 활용해 실감 나게 설명해 보기

이며 시원했다. 그때 사촌 누나가 뒤에서 갑자기 튜브를 밀어 주

었다. 깜짝 놀랐지만 재밌어서 까르르 웃음이 났다.
② 경험한 일에 대한 생각이나 느낌 쓰기

일기를 쓰면 글쓰기 실력이 쑥쑥

일기 술술 🖉 왼쪽의 일기를 참고하여 스스로 일기를 써 보세요. 글쓰기에 자신이 생길 거예요.

| 날짜 | 년 월 일 요일 | 날씨  |

| 제목 | |

일기의 한 장면을 그림으로 그리기

만화 일기 — 겪은 일을 만화로

> **핵심 콕콕** 그림과 대사로 구성한 네 컷 만화 형식으로 일기를 써 봐요!

날짜	20XX년 5월 6일 화요일	날씨	☀️ 🌥️(○) ☂️ ❄️ 🌬️

제목 처음 자전거 탄 날

① 기억에 남는 일 하나를 골라 네 컷으로 내용 나누기

"아빠, 절대 손 놓으면 안 돼!"

② 일의 순서에 따라 그림 그리기

1

"응, 꽉 잡고 있어. 걱정 마."

③ 말풍선이나 생각 풍선에 대사 쓰기

2

3

"우와! 나 혼자 타고 있어."

4

"우리 딸, 최고야!"

일기를 쓰면 글쓰기 실력이 쑥쑥

일기 술술 왼쪽의 일기를 참고하여 스스로 일기를 써 보세요. 글쓰기에 자신이 생길 거예요.

| 날짜 | 년   월   일   요일 | 날씨 |  |

| 제목 | |

| 1 | 2 |
| 3 | 4 |

동시 일기 — 일기를 동시로 ①

핵심 콕콕 생각이나 느낌을 간결하고 노래하듯이, 동시로 일기를 써 봐요!

| 날짜 | 20XX년 7월 26일 토요일 | 날씨 | ☀️ ☁️ ☂️ ❄️ 💨 |

제목 창 밖 풍경 ① 기억에 남는 일 선정하기

창문에

물방울 톡톡

흐린 하늘이
③ 비유적 표현 사용하기

조용히 노크한다.

② 행과 연을 구분해서 쓰기

창가에

가만히 앉아

비 오는 소리에

귀 기울여 본다.

아이들은

웅덩이에 첨벙첨벙
④ 흉내 내는 말 활용하기

빗방울과 함께

춤을 춘다.

(매 연마다) 글자 수를 맞추거나
비슷한 표현을 반복해 노래처럼 표현해 보기

일기를 쓰면 글쓰기 실력이 쑥쑥

일기 술술 왼쪽의 일기를 참고하여 스스로 일기를 써 보세요. 글쓰기에 자신이 생길 거예요.

| 날짜 | 년 월 일 요일 | 날씨 | ☀️ ☁️ ☂️ ❄️ 〰️ |

| 제목 | |

36일차 동시 일기 — 일기를 동시로 ②

핵심 콕콕 🎯 생각이나 느낌을 간결하고 노래하듯이, 동시로 일기를 써 봐요!

| 날짜 | 20XX년 10월 7일 화요일 | 날씨 | ☀️ ☁️ ☂️ ❄️ 🌬️ |

제목 놀이 기구   ① 기억에 남는 일 선정하기

기다린다

쿵쿵, 가슴이 뛴다

〕 행과 연을 구분해서 써 보기

내린다

후들후들, 다리가 떨린다

앉는다

덜컹, 안전바가 내려온다

② (매 연마다) 글자 수를 맞추거나 비슷한 표현을 반복해 노래처럼 표현하기

이상하다

살랑살랑, 무서운데 또 타고 싶다

③ 자신의 마음을 잘 드러내는 말 사용하기

올라간다

바짝바짝, 입이 마른다

떨어진다!

쭈뼛쭈뼛, 머리카락이 선다

흉내 내는 말 활용해 보기

▲ 동시 내용을 그림으로 그려 보기

일기를 쓰면 글쓰기 실력이 쑥쑥

일기 술술 왼쪽의 일기를 참고하여 스스로 일기를 써 보세요. 글쓰기에 자신이 생길 거예요.

| 날짜 | 년 월 일 요일 | 날씨  |

제목

동시를 쓰고, 동시 내용으로 그림 그리기

독서 일기 책을 읽고 나서 ①

핵심 콕콕 책을 읽고 줄거리와 인상적인 부분, 느낀 점으로 일기를 써 봐요!

| 날짜 | 20XX년 9월 7일 일요일 | 날씨 | |

제목 〈거짓말쟁이 까치〉를 읽고

[〈거짓말쟁이 까치〉는 친구들을 놀리려고 거짓말을 자주 하던
[ ]: ① 책의 줄거리 요약하기(내용 간추리기)　　　　　　　　높임 표현 사용해 보기
까치의 이야기입니다. 친구들은 더 이상 까치를 믿어 주지 않고 결국 까치는 큰 위험에 빠지게 됩니다.] 위기에 처한 까치가 "이번
　　　　　　　　　　　　　　　　　② 책에서 인상 깊었던 장면이나 문장 적기
엔 진짜야!"라고 외쳤지만 누구도 도와주지 않는 장면이 떠오릅니다. 그 순간 까치의 표정이 정말 슬퍼 보였고, 저도 마음이 아팠습니다.

[장난처럼 시작한 거짓말이 결국 친구들과의 믿음을 깨뜨리는
[ ]: ③ 책을 읽고 나서 든 생각이나 느낌 쓰기　꾸며 주는 말 활용해 보기
걸 보며 말이 얼마나 중요한지 느꼈고, '작은 거짓말도 큰 문제를
　　　　　　　　　　　　　　　　　　강조하는 부분은 작은따옴표로 써 보기
만든다'는 사실을 깨달았습니다. 앞으로는 말할 때 더 조심하고, 친구들과의 약속도 꼭 지켜야겠다고 다짐했습니다.]

일기를 쓰면 글쓰기 실력이 쑥쑥

일기 술술 왼쪽의 일기를 참고하여 스스로 일기를 써 보세요. 글쓰기에 자신이 생길 거예요.

날짜	년 월 일 요일	날씨	☀ ☁ ☂ ❄ 🌬

제목	

독서 일기 책을 읽고 나서 ②

핵심 콕콕 책을 읽고 줄거리와 인상적인 부분, 느낀 점으로 일기를 써 봐요!

| 날짜 | 20XX년 11월 24일 월요일 | 날씨 | ☀️ ☁️ ☂️ ❄️ 🌬️ |

제목 나도 흥부처럼

　〈흥부와 놀부〉를 읽었다. [착한 흥부는 다리가 부러진 제비를 정
책 제목 소개하기　　　　　　　[ ]: ① 책의 줄거리 요약하기(내용 간추리기)
성껏 치료해 주었는데, 제비가 선물로 준 박씨를 타 보니 금은보화가 나왔다. 반면 욕심쟁이 놀부는 제비 다리를 일부러 부러뜨린 후 치료해 줬는데, 제비가 물어다 준 박씨를 타 보니 도깨비가 튀어나왔다.]

　아무런 대가를 바라지 않고 남을 도우면 좋은 일이 생기고, 욕
② 책에서 얻은 교훈이나 감동 밝히기
심을 부리면 나쁜 결과가 돌아온다는 것을 알게 되었다. [나도 흥부처럼 착한 마음을 갖고 다
[ ]: ③ 책을 읽고 나서 든 생각이나 느낌 쓰기
른 사람을 먼저 도와주는 사람이 되고 싶다.]

▲ 책에서 인상 깊었던 장면 그려 보기

일기를 쓰면 글쓰기 실력이 쑥쑥

일기 술술 왼쪽의 일기를 참고하여 스스로 일기를 써 보세요. 글쓰기에 자신이 생길 거예요.

| 날짜 | 년 월 일 요일 | 날씨 | ☀ ☁ ☂ ❄ 💨 |

제목

책에서 인상 깊었던 장면 그리기

39일차 독서 일기 책을 소개해요

핵심 콕콕 좋아하는 책을 다른 사람에게 소개 및 추천하는 내용으로 일기를 써 봐요!

| 날짜 | 20XX년 1월 15일 수요일 | 날씨 | ☀️ ☁️ ☂️ ❄️ 💨 |

제목: <해와 달이 된 오누이>를 추천합니다

책 제목: 해와 달이 된 오누이
지은이/그린 이: 강동구/강서구
출판사: 전래출판사

▲ ① 책 표지를 그리고, 제목·지은이·출판사 쓰기

오늘은 전래 동화 한 편을 소개하겠
　　높임 표현 사용해 보기
습니다. <해와 달이 된 오누이>인데요, [엄마를 잡아먹은 호랑이가 오누이도
[ ]: ② 책의 줄거리, 주제 소개하기
잡아먹으러 오는 이야기입니다. 오누이는 하늘에서 내려온 밧줄을 타고 올라가 해와 달이 됩니다.]

오누이가 서로 도우며 용기를 내는 모습이 인상 깊었습니다. 특히 하늘에서 튼튼한 밧줄이 내려오는 부
③ 책을 소개하고 싶은 까닭(인상 깊은 부분, 책에서 좋아하는 문장 등) 밝히기
분이 가장 기억에 남습니다. 이 장면에서 희망과 용기를 느낄 수 있어서 전래 동화를 좋아하는 친구들에게 꼭 추천하고 싶습니다.

일기를 쓰면 글쓰기 실력이 쑥쑥

일기 술술 ✏️ 왼쪽의 일기를 참고하여 스스로 일기를 써 보세요. 글쓰기에 자신이 생길 거예요.

| 날짜 | 년 월 일 요일 | 날씨 | ☀️ ☁️ ☂️ ❄️ 💨 |

제목

책 표지를 그리고,
제목·지은이·출판사 쓰기

책 제목:
지은이/그린 이:
출판사:

편지 일기 안부를 물어요

핵심 콕콕 🎯 누군가에게 안부를 묻는 내용의 편지 형식으로 일기를 써 봐요!

| 날짜 | 20XX년 7월 11일 금요일 | 날씨 | ☀ ☁ ☂ ❄ 💨 |

제목 보고 싶은 할머니께 ① 편지를 받는 사람 적기

안녕하세요, 할머니. 저 민준이에요.
② 첫인사하기 / 편지 쓴 사람 밝히기

할머니, 잘 지내고 계시지요? 요즘 날씨가 많이 더워졌어요. 더
③ 전하려는 내용 쓰기(상대방의 안부 묻기, 자신의 마음 전하기)

위에 몸 상하시지 않도록 건강 잘 챙기셨으면 좋겠어요.

저는 학교 생활도 잘하고, 아프지 않고 건강하게 지내고 있어
나의 안부 전하기

요. 요즘은 매일매일 여름 방학을 기다리는 중이에요. 방학하면

할머니 댁에 가서 수박도 먹고, 마당에서 놀 수도 있으니까요.

제가 갈 때까지 건강히 안녕히 계세요.
끝인사하기

④ 편지 쓴 날짜와 쓴 사람 적기

20XX년 7월 11일

사랑하는 손자 서민준 올림.

일기를 쓰면 글쓰기 실력이 쑥쑥

일기 술술 　왼쪽의 일기를 참고하여 스스로 일기를 써 보세요. 글쓰기에 자신이 생길 거예요.

날짜	년　월　일　요일	날씨 ☼ ☁ ☂ ❄ 💨

제목	

41일차 편지 일기 감사를 전해요

핵심 콕콕 누군가에게 감사를 전하는 내용의 편지 형식으로 일기를 써 봐요!

날짜 20XX년 12월 18일 목요일   **날씨** ☀️ ☁️ ☂️ ❄️ 🌬️

제목 교통 경찰관 아저씨께

안녕하세요, 교통 경찰관 아저씨.
① 첫인사하기 / 편지를 받는 사람 밝히기

저는 대한초등학교에 다니는 황유준입니다.
② 편지 쓴 사람 밝히기

[아침마다 횡단보도에서 저희를 안전하게 지켜 주셔서 정말
[ ]: ③ 전하려는 내용 쓰기(감사와 자신의 마음 전하기)

감사드립니다. 손발이 시릴 정도로 추운 날에도 항상 웃는 얼굴
                감각적 표현 활용해 보기

로 "조심해서 건너요!"라고 말씀해 주실 때마다 제 마음도 따뜻

해지고 기분이 좋아집니다. 가끔 졸린 눈으로 등교할 때도 있는

데, 교통 경찰관님 덕분에 길을 안전하게 건널 수 있어서 안심이

됩니다.] 앞으로도 늘 건강하시고, 저희 학교 친구들을 위해 오래
        끝인사하기

오래 함께해 주세요!

　　　　　　　　20XX년 12월 18일. 대한초등학교 황유준 올림.
　　　　　　　　④ 편지 쓴 날짜와 쓴 사람 적기

일기를 쓰면 글쓰기 실력이 쑥쑥

일기 술술 왼쪽의 일기를 참고하여 스스로 일기를 써 보세요. 글쓰기에 자신이 생길 거예요.

| 날짜 | 년　월　일　요일 | 날씨 |  |

| 제목 | |

42일차 편지 일기 — 사과를 해요

핵심 콕콕 🎯 누군가에게 사과하는 내용의 편지 형식으로 일기를 써 봐요!

날짜 20XX년 3월 29일 토요일 **날씨** ☀️ ☁️ ☂️ ❄️ 💨

제목 사랑하는 엄마에게

엄마, 저 하윤이에요.
① 편지를 받는 사람과 쓴 사람 밝히기

[어제 저녁에 엄마께 화를 내서 정말 죄송해요. 제가 요즘 스
[ ]: ② 전하려는 내용 쓰기(사과하는 내용을 구체적으로 적기, 사과하는 까닭 적기)
마트폰을 너무 오래 했죠? 저를 걱정해서 그만하라고 말씀하신

건데, 제가 그만 소리를 지르고 말았어요. 엄마가 많이 놀라고
　　　　　꾸며 주는 말 활용해 보기　　　　　　　　상대방의 마음 짐작하기

속상해하시는 모습을 보니 화를 낸 것이 후회되고 마음이 아파요.

철없고 잘못된 행동을 해서 죄송합니다.] 다시는 그런 식으로 화
　　　　　　　　　　　　　　　　　③ 앞으로의 다짐 쓰기

내지 않겠다고 약속드릴게요. 앞으로는 엄마 말씀을 더 잘 듣겠

습니다!

　　　　　　　　　　　　　　　엄마의 사랑하는 딸 하윤 올림. ♥
　　　　　　　　　　　　　　　④ 편지 쓴 사람 적기

일기를 쓰면 글쓰기 실력이 쑥쑥

일기 술술 왼쪽의 일기를 참고하여 스스로 일기를 써 보세요. 글쓰기에 자신이 생길 거예요.

| 날짜 | 년 월 일 요일 | 날씨 | ☀️ ☁️ ☂️ ❄️ 💨 |

| 제목 | |

편지 일기 고백을 해요

핵심 콕콕 🎯 누군가에게 고백하는 내용의 편지 형식으로 일기를 써 봐요!

날짜 20XX년 6월 3일 화요일 **날씨** ☀️ ☁️(○) ☂️ ❄️ 🌬️

제목 나랑 친구 할래?

안녕, 준서야. 나는 같은 반 김하은이야.
<u>① 첫인사하기 / 편지를 받는 사람과 쓴 사람 적기</u>

[너랑 친해지고 싶어서 이렇게 편지를 써. 친구들이랑 이야기도
[ ]: ② 전하려는 내용 쓰기(고백하는 내용을 구체적으로 적기, 자신의 마음 전하기)

즐겁게 잘하고, 발표도 또박또박 하는 네 모습이 멋있다고 생각했
        흉내 내는 말 활용해 보기

거든. 그런데 내가 먼저 다가갈 용기가 나지 않아서 이렇게 편지

를 써서 마음을 전하려고 해.]

다음 쉬는 시간에 같이 놀래? 같이 이야기 나누면 더 친해질
고백과 관련하여 상대에게 제안해 보기

수 있을 것 같아. 너도 괜찮다면 꼭 말해 줘!

- 같은 반 친구 하은이가
③ 편지 쓴 사람 밝히기

추신: 제일 좋아하는 아이돌은 누구야? 나는 BYS를 제일 좋
추신(편지 끝에 덧붙이는 말) 적어 보기

아해.

일기를 쓰면 글쓰기 실력이 쑥쑥

일기 술술 왼쪽의 일기를 참고하여 스스로 일기를 써 보세요. 글쓰기에 자신이 생길 거예요.

| 날짜 | 년 월 일 요일 | 날씨 | ☀ ☁ ☂ ❄ 〰 |

| 제목 | |

44일차 신문 일기 — 학교에서 있었던 일

핵심 콕콕 🎯 학교에서 있었던 기억에 남는 일을 신문 기사 형태의 일기로 써 봐요!

날짜 20XX년 10월 19일 토요일   **날씨**

3학년 반 대항 이어달리기 시합 개최

① 기사 제목 (표제, 부제) 작성하기

3학년 2반 역전 우승!

지난 18일 오후, 본교 운동장에서 3학년 반 대항 이어달리기 시합이 열렸습니다. 개교 기념으로 진행된 이번 시합에서 3학년 2반이 극적으로 역전 우승을 차지하였습니다.

② 육하원칙(누가·언제·어디서·무엇을·어떻게·왜)에 따른 객관적 사실 설명하기

2반은 달리기 도중 주자가 바통을 떨어뜨려 크게 뒤처졌지만 조금씩 따라갔습니다. 특히 마지막 주자였던 최윤호 학생이 놀라운 속도로 추월해 결국 역전 우승을 거두었습니다.

발생한 사건을 원인과 결과로 표현해 보기

이 시합을 진행한 체육 선생님은 "끝까지 포기하지 않는 태도가 얼마나 중요한지 배우는 시간이었다"고 전했습니다. - 오지환 기자

사건에 대한 사람들의 의견 적어 보기

③ 기자 이름 작성하기

일기를 쓰면 글쓰기 실력이 쑥쑥

일기 술술 왼쪽의 일기를 참고하여 스스로 일기를 써 보세요. 글쓰기에 자신이 생길 거예요.

| 날짜 | 년 월 일 요일 | 날씨 |  |

45일차 신문 일기 — 동네에서 있었던 일

핵심 콕콕 동네에서 있었던 기억에 남는 일을 신문 기사 형태의 일기로 써 봐요!

날짜 20XX년 1월 13일 월요일   **날씨** ☀️ ☁️ ☂️ ❄️ 🌬️

공원에 새 놀이터 생겨 아이들 '웃음꽃' 활짝
① 기사 제목 작성하기

▲ 기사 내용과 관련 있는 그림이나 사진 넣어 보기

[지난 주말, 구청에서 푸른마을 공
② 본문 첫 문장에는 전체 기사 내용을 드러내기
원에 새 놀이터를 설치했다. 그동안 미끄럼틀뿐이었는데 이번에 그네, 정
[ ]: ③ 육하원칙에 따른 객관적 사실 설명하기
글짐, 시소까지 더해져 놀거리가 풍부해졌다.] 놀이터가 설치된 날, 서울초등학교 1학년 김민지(8) 어린
사건에 대한 사람들의 의견 적어 보기
이는 "그네가 생겨서 너무 신나요. 매일 놀러 오고 싶어요."라고 말했다. 놀이터 주변에는 보호자들이 쉴 수 있는 그늘막도 마련되어 있어 가족 모두를 위한 공간이 되었다. 이번 놀이터 설치로 인해 아이들의 야외 활동이 더욱 활발해질 것으로 기대된다. - 김가은 기자
④ 기사 내용에 대한 기자로서의 의견 적기(한쪽으로 치우치지 않도록)　⑤ 기자 이름 작성하기

일기를 쓰면 글쓰기 실력이 쑥쑥

일기 술술 왼쪽의 일기를 참고하여 스스로 일기를 써 보세요. 글쓰기에 자신이 생길 거예요.

날짜 년 월 일 요일 **날씨**

기사 내용과 관련 있는
그림이나 사진 넣기

공익 광고 일기 우리 다 같이 ①

핵심 콕콕 공익 광고(여러 사람의 이익을 목적으로 하는 광고) 형태의 일기를 써 봐요!

| 날짜 | 20XX년 2월 2일 일요일 | 날씨 | ☀️ ☁️ ☂️(○) ❄️ 💨 |

제목 모두 함께 신호를 지켜요
① 주변에서 해결하고 싶은 일, 여러 사람의 이익을 목적으로 하는 내용 고르기

▲ ④ 광고 내용을 그리거나 사진 붙이기

급하다고 그냥 건너지 마세요.
문제 상황 제시하기 / 높임 표현 사용하기

신호 지키기는
② 올바른 행동(해결 방안) 제시하기

안전을 위한 약속입니다.

▼ ④ 광고 내용을 그리거나 사진 붙이기

내가 먼저 실천하면

모두가 바뀝니다.

1분, 생명을 지키는 기다림입니다.
③ 기억에 남을 수 있는 메시지 쓰기

일기를 쓰면 글쓰기 실력이 쑥쑥

일기 술술 ✏️ 왼쪽의 일기를 참고하여 스스로 일기를 써 보세요. 글쓰기에 자신이 생길 거예요.

| 날짜 | 년   월   일   요일 | 날씨 | ☀️ ☁️ ☂️ ❄️ 💨 |

| 제목 | |

그림이나 사진, 글을 활용해 공익 광고 일기를 자유롭게 쓰기

공익 광고 일기 우리 다 같이 ②

핵심 콕콕 🎯 공익 광고(여러 사람의 이익을 목적으로 하는 광고) 형태의 일기를 써 봐요!

| 날짜 | 20XX년 4월 30일 수요일 | 날씨 | ☀️ ☁️ ☂️ ❄️ 🌬️ |

제목 분리배출을 하자
① 주변에서 해결하고 싶은 일, 여러 사람의 이익을 목적으로 하는 내용 고르기

▲ ④ 광고 내용을 그리거나 사진 붙이기

분리배출, 지구를 지키는 약속입니다
② 공익 광고 제목 쓰기

한데 섞어 버리는 쓰레기
문제 상황 제시하기 / 높임 표현 사용하기

재활용이 어렵고, 환경도 오염합니다.

분리배출은 나와 지구를 건강하게 합니다.
③ 올바른 행동(해결 방안) 제시하기

일기를 쓰면 글쓰기 실력이 쑥쑥

일기 술술 　왼쪽의 일기를 참고하여 스스로 일기를 써 보세요. 글쓰기에 자신이 생길 거예요.

날짜	년　월　일　요일	날씨 

제목	

그림이나 사진, 글을 활용해 공익 광고 일기를 자유롭게 쓰기

온라인 일기 SNS 하는 것처럼 ①

핵심 콕콕 오늘의 인상 깊었던 일을 골라 온라인 SNS 형태로 일기를 써 봐요!

| 날짜 | 20XX년 12월 12일 금요일 | 날씨 | ☀️ ☁️ ☂️ ❄️ 💨 |

제목 눈싸움 중 넘어진 민수

ID: Happy_boy_11

♡ 💬 ➤   ▲ ① 일기 내용과 관련 있는 그림을 그리거나 사진 붙이기

오늘 눈이 많이 와서 학교 끝나고 운동장에서 친구들과 눈싸움
② 경험한 일의 내용 쓰기

을 했다. 내가 던진 눈덩이에 민수가 깜짝 놀라 넘어졌다. 우리

모두 한참을 자지러지게 웃었다. 정말 신나는 하루였다!
③ 경험한 일에 대한 생각이나 느낌 쓰기

#첫눈 #눈싸움 #겨울왕국 #웃음가득
④ 일기의 핵심어를 해시태그로 쓰기

일기를 쓰면 글쓰기 실력이 쑥쑥

일기 술술 ✏️ 왼쪽의 일기를 참고하여 스스로 일기를 써 보세요. 글쓰기에 자신이 생길 거예요.

| 날짜 | 년 월 일 요일 | 날씨 | ☀️ ☁️ ☂️ ❄️ 〰️ |

제목

ID:

그림을 그리거나 사진 붙이기

그림을 그리거나 사진 붙이기

온라인 일기 SNS 하는 것처럼 ②

핵심 콕콕 오늘의 인상 깊었던 일을 골라 온라인 SNS 형태로 일기를 써 봐요!

날짜 20XX년 9월 18일 목요일   날씨 ☀️ ☁️ ☂️ ❄️ 💨

[오늘 일기] 처음 한 피아노 반주 ① SNS 게시물 제목 쓰기

학교 음악회 날에 내가 피아노 반주를 맡았다.
② 경험한 일의 내용 쓰기

처음에는 손을 덜덜 떨었지만 점차 마음이 편안해졌다.
③ 경험한 일에 대한 생각이나 느낌 쓰기

▲ ④ 일기 내용과 관련 있는 그림을 그리거나 사진 붙이기

선생님과 친구들이 박수를 쳐 주었다.

오늘은 내게 아주 특별한 날이다.
③ 경험한 일에 대한 생각이나 느낌 쓰기

#음악회 #피아노반주 #호응 #특별한날
⑤ 일기의 핵심어를 해시태그로 쓰기

♡ 공감   💬 댓글

일기를 쓰면 글쓰기 실력이 쑥쑥

일기 술술 왼쪽의 일기를 참고하여 스스로 일기를 써 보세요. 글쓰기에 자신이 생길 거예요.

| 날짜 | 년   월   일   요일 | 날씨 | ☀️ ☁️ ☂️ ❄️ 💨 |

그림을 그리거나 사진 붙이기

그림을 그리거나 사진 붙이기

♡ 공감   💬 댓글

50일차 온라인 일기 — 일기를 댓글로도

핵심 콕콕 🎯 온라인 콘텐츠 중 하나를 골라 그에 대한 댓글 형태로 일기를 써 봐요!

날짜 20XX년 8월 26일 화요일　　**날씨** ☀️ ☁️(○) ☂️ ❄️ 〰️

제목 가고 싶은 반딧불 축제

9월 6일부터 12일까지 1주일간 초록 공원에서 '반딧불 축제'가
① 온라인 콘텐츠(글, 이미지, 영상 등)의 내용 요약하기
열린다. 축제에서는 생태를 주제로 반딧불이 관찰 체험과 함께

환경 보호 전시도 진행된다.

 ID: 초록이

예전에 시골 할머니 댁에 갔을 때 반딧불이를 본 적이 있어요.
콘텐츠와 관련 있는 나의 경험, 기억 등을 적어 보기 / 높임 표현 사용하기
작은 불빛들이 깜빡깜빡 날아다니는 모습이 너무 예뻤어요. 그

때 정말 신기했고 감동했던 기억이 나요. 그런 반딧불이를 다시

볼 수 있다니 축제에 꼭 가고 싶어요! 지금 몸이 불편하신 할머니
② 콘텐츠를 보고 든 생각, 느낌, 궁금한 점 등을 적기
도 모시고 반딧불이를 보러 가면 좋겠네요.

일기를 쓰면 글쓰기 실력이 쑥쑥

일기 술술 〉 왼쪽의 일기를 참고하여 스스로 일기를 써 보세요. 글쓰기에 자신이 생길 거예요.

| 날짜 | 년 월 일 요일 | 날씨  |

| 제목 | |

▲ 온라인 콘텐츠 내용 요약하기

ID: